AF319850

FIGARO,

DIRECTEUR

DE MARIONNETTES;

COMÉDIE EN UN ACTE ET EN PROSE,

Mêlée de Vaudevilles et d'Ariettes.

Par M. E. D.

Représentée, pour la premiere fois, au Palais Royal, le 31 Décembre 1784, par les Petits Comédiens de S. A. S. Monseigneur le Comte de Beaujolois.

Prix, 1 liv. 4 sous.

A PARIS;

Chez Hardouin, Libraire, au Palais Royal.

Et chez les Marchands de Nouveautés.

M. DCC. LXXXV.

PERSONNAGES.

FIGARO, Directeur de Marionnettes.

L'ENFUMÉ, jeune Physicien.

FLUIDAS, Médecin magnétifant.

SUSANNE, Femme de Figaro, & Belle-Mere de
Friquette.

FRIQUETTE, Fille de Figaro.

La Scene se passe à Paris, dans un Hôtel garni.

FIGARO,
DIRECTEUR
DE MARIONNETTES.

SCENE PREMIERE.

FIGARO, *fredonnant la fin de l'air*, *tout finit par
des Chanfons*.

A LA fin je la tiens, cette permiſſion de monter
mon petit Spectacle ! Ma foi, ce n'eſt pas ſans
peine ; & ſi une jolie femme ne ſe fût pas intéreſſée
à l'obtenir, je crois que je ne l'aurais pas encore :
eh ! ma femme ! Suſanne ?.... Suſanne ? Ah ! elle
boude encore, je gage ; toujours gronder ; quel
diable de plaiſir ! Si ça rendait au moins quelque
choſe ; mais au contraire. Suſanne ? Quelle tête !
quelle tête ! bâh !... comme celle de toutes les autres :
mais auſſi quelle idée de préférer que je faſſe plutôt
des chanſons pour les marchands d'ariettes, que de

A

me laisser établir mon Théâtre de Comédiens de bois!... Jarni!... est-ce que je voudrois me fâcher aussi? Gardons-nous-en bien! De la belle humeur, morbleu! voilà ce qui console.

A i r : *Vive le vin.*

Eh! nargue du quand dira-t-on?
Lorsqu'on a femme du bon ton,
Et fillette jeune & gentille;
Dans Paris où l'argent fourmille,
Ces meubles font toujours honneur:
Beaucoup d'audace & point d'humeur,
Tout le reste n'est que vétille.

Cependant, au fond, Susanne n'a pas tant de tort; & j'ai furieusement démenti mon proverbe : tant va la cruche à l'eau.... car la mienne s'est brisée jusqu'à l'anse.... Quand moi-même je réfléchis à ce que j'ai été... commencer avec rien, devenir bien riche... des bienfaits de mes maîtres, & retomber ensuite... Paix, chut, Figaro!... point de longs monologues, mon ami!... ressouviens-toi d'en avoir fait un qui valoit bien un acte entier en longueur, & n'apprenoit rien de nouveau.... Allons, allons, point de sérieuses réflexions. Ne quittons jamais notre franche gaîté, cette philosophie, du peuple si l'on veut, mais la plus aimable.

Air : *Auffi-tôt que la lumiere.*

Quand on faura dans le monde
Ce que je fus autrefois,
Et que je finis ma ronde
Par des Hiftrions de bois :
L'on dira, dans fa mifere,
Figaro n'a rien tenté,
Qui pût jamais fur la terre
Porter coup à fa gaîté.

MINEUR.

Si quelqu'homme d'importance
Me demandoit les pourquois,
Ayant connu l'opulence,
Je fuis réduit aux abois :
(Parbleu ! je lui dirois ... Monfieur,)
En voulant être des vôtres,
Mon efprit s'eft abufé ;
J'ai tant fait la barbe aux autres,
Qu'à mon tour je fuis rafé.

MAJEUR.

Dans le parti que j'embraffe,
Il s'eft vu peu de héros ;
Mais on l'eft dès qu'on terraffe
Ses plus obftinés rivaux :
Et s'il faut que je fuccombe
Sous les éclats d'un haro ,
Mes amis, deffus ma tombe,
Mettront : Ci gît Figaro.

(*D'un ton tragi-Comique.*)

Après tous ces élans , dignes d'une belle ame,
Il eft tems, je le crois, d'aller trouver ma femme.
Mais , la voici.

SCENE II.

SUSANNE, FIGARO.

FIGARO.

EH bien! es-tu toujours fâchée?

SUSANNE.

J'en aurais grand sujet.

FIGARO.

Encore?

SUSANNE.

Sûrement. Ne devrais-tu pas rougir de honte, après tout ce qui t'est arrivé en Espagne, à la suite de tes belles productions, de vouloir encore paraître sur la scene en France?

FIGARO.

Je n'y paraîtrai pas.

SUSANNE.

Non; mais tu feras dire des sottises du tiers & du quart par tes Acteurs: tandis que si tu faisais comme tu m'avais promis en route, tu suivrais une fois en ta vie mes conseils; puisque tu as la rage d'écrire, eh bien! fais des vers, des chansons; tu en trouveras assez le débit; & ta fille & moi, nous travaillerons

& gagnerons tranquillement notre vie à Paris : mais
non ; il faut à Monsieur du spectacle.

F i g a r o.

Eh ! sans doute, ma femme, sans doute. Je vois
bien que tu ne connais pas encore ce pays-ci : homme
ou femme qui ne s'y donne pas en spectacle, y est
zéro, mon enfant. Je me vois avec la permission de
me faire connaître, & j'en veux profiter.... Toi-
même, après, tu m'en feras compliment : ignores-tu
donc que, dans cette grande ville, on ne veut que
rire, & voilà tout ?

S u s a n n e.

Mais, toi, dans ta maniere de faire rire, tu attaques
tout le monde.

F i g a r o.

Tant mieux. Lorsque chacun a son sac, personne
n'a rien à se reprocher : crois-moi, ce n'est pas ici
comme en Espagne ; de la saillie, de l'épigramme !
tout Paris en rafolle ; & puis, n'entends-tu pas à
chaque instant le refrain à la mode ?.. (*Il chante.*)
Tout finit par des chansons.

S u s a n n e.

A i r : *Du Vaudeville de Figaro.*

Mais à force de médire,
L'on révolte les esprits ;
Tel qui n'aime pas à rire,
Se venge de vos écrits :

Et pour fruit d'une satyre,
N'a-t-on pas vu mille fois,
L'Auteur s'en ronger les doigts ? *bis.*

FIGARO.

Tout cela est fort bien, ma chere amie ; mais tu crieras, tu tempêteras : tout cela me sera fort égal, & je n'en démordrai pas.

SUSANNE.

Mais, n'es-tu pas fou ? Comment ! tu veux monter un Théâtre de Marionnettes dans une ville où les plus grands talens sont rassemblés, & fixer l'attention publique sur des brimborions de bois ?

FIGARO.

Pourquoi pas ? Tout dans le monde a son mérite ; & parmi les grands talens dont tu parles, il s'y rencontre de bien tristes ombres : eh bien! c'est sur elles que je prétends m'égayer.

AIR : *La Patrame.*

Quand j'entends raisonner des cruches,
Tu ne voudrais pas que des bûches,
A leur façon,
Se pussent donner en spectacle ?
Moi, j'entreprendrai ce miracle.

SUSANNE.

Chanson, chanson.

FIGARO.

Chanson! tu verras ?

S u s a n n e.

Tu verras toi-même ce que l'on dira de tes écrits
quand ils feront imprimés.

F i g a r o.

Imprimés ! eft-ce que tu badines donc ? Autrefois
c'était la coutume que le public jugeait un drame la
pièce en main : alors il y voyait clair ; mais à préfent
point du tout, & pour la plupart des ouvrages qui
paroiffent.

A i r : *On compterait les diamans.*

C'eft fur le jeu des bons Acteurs
Que fe fonde leur réuffite,
Et du concours des fpectateurs
Date aujourd'hui tout leur mérite :
Pour conferver l'illufion
D'une pièce trop imparfaite,
L'on en tarde l'impreffion,
Crainte de nuire à fa recette.   *bis.*

S u s a n n e.

Maìs à la fin on les lira tes pièces, & tu entendras,
tu entendras ce que les critiques & les journaux en
diront !

F i g a r o.

Dans ces cas là, tu ne fais pas ce que l'on fait ? On
ufe de rubrique, & une grande partie du public eft
encore empaumée.

A iv

SUSANNE.

Et comment cela?

FIGARO.

Le voici. Si c'eſt une mauvaiſe Tragédie que l'on fait imprimer, une grande préface en tête y rappellera tous les lieux communs ſur l'art de la déclamation; & ſi c'eſt une Comédie où l'on n'a cherché qu'à faire rire, même aux dépens de toutes les bienſéances, on la fera précéder d'un avant-propos, dans lequel on étalera avec emphaſe tous les principes de la décence théatrale... Pour la plupart des hommes il ne faut que des mots; & comme beaucoup d'autres n'ont que des yeux, on les amuſera ceux-là avec de jolies eſtampes à la tête de chaque acte de la piece. Voilà le fin du fin.

SUSANNE.

Et tu crois que le public donnera là dedans?

FIGARO.

Parbleu! s'il y donnera: oh! je t'en réponds.

SUSANNE.

Et dans ton ſpectacle, ne te faudra-t-il pas quelqu'un pour t'aider? Hein!.. & ſi tu ne réuſſis pas, qui eſt-ce qui payera?

FIGARO.

Tu vas peut-être t'imaginer que je vais faire de ces longs imbrolios qui durent ſix heures, & emploient

vingt Acteurs ? Pas si dupe , ma foi! Les petites
anecdotes du jour , voilà ce que je veux traiter , &
ne pas avoir plus de cinq personnages sur ma petite
scene.

S U S A N N E.

Sur qui Monsieur compte-t-il pour les faire aller
ses Marionnettes ?

F I G A R O.

Sur toi, ma petite fille Friquette & moi, avec
deux hommes pris au hasard : voilà toute ma troupe.

S U S A N N E.

D'abord sur moi n'y compte pas ; & ta fille...
ta fille !

F I G A R O.

Crie donc encore plus fort : ta fille ... ta fille ...
comme si l'on ne savait pas... eh bien! oui, ma
fille.

S U S A N N E.

Monsieur croit que nous nous entendrons à toutes
les folies comme lui ; ça sera bien aisé à des femmes,
n'est-ce pas , de faire mouvoir tes Mirmidons?

F I G A R O.

Appaise-toi donc, ma petite femme ! Rien dans le
monde n'est plus facile que de conduire des Marionnettes. La gaucherie de leur mouvement même est une
partie de leur mérite ; & comme tu joues fort agréa-

blement la Comédie, en quatre leçons je suis sûr que tu seras aussi savante que moi pour les diriger.

SUSANNE.

Tiens, tiens, la voici ta fille. Annonce-lui ton beau projet.

FIGARO.

Sans contredit.

SCENE III.

SUSANNE, FIGARO, FRIQUETTE.

FIGARO.

APPROCHE, approche, ma petite Friquette. Eh bien ! comment te portes-tu à préfent ?

FRIQUETTE.

Toujours de mieux en mieux, mon papa. Depuis que je vais au Baquet avec M. Fluidas, le Médecin qui loge dans notre hôtel, je me fens revenir de jour en jour.

FIGARO.

Tant mieux, ma chere enfant, tant mieux. Dépêche-toi vîte de te guérir ; car j'ai grand befoin de tirer parti de tes jolis talens.

F R I Q U E T T E.

Ah ! mon papa, vous pouvez faire de moi tout ce que vous voudrez.

AIR : *Des simples jeux, &c.*

J'avais le teint pâle & livide
Lorsque nous vînmes à Paris ;
Mais quand le Docteur fut mon guide,
Il ranima tous mes esprits :
Et même à la premiere crise
Que j'éprouvai près du Baquet,
Je ne sais pas si c'est méprise,
Mais tout bas mon cœur palpitoit.

De ces mouvemens étonnée,
J'en voulus savoir le pourquoi ;
Mais j'appris à chaque journée,
Que c'était la commune loi ;
Et que l'effet du Magnétisme,
Consistant dans la pâmoison ;
Si l'on n'y veut causer un schisme,
Il faut se mettre à l'unisson.

S U S A N N E.

Eh bien ! Monsieur l'entêté, vous ne vouliez pourtant pas que votre fille fût magnétisée : tout cela, ma femme, n'est que du charlatanisme, disiez-vous ! Qu'as-tu à répondre à présent que la voilà presque guérie… Hein ?

F I G A R O.

Hum, hum, il y a bien des choses à dire à tout

cela. D'abord, c'eſt que je ne change pas de ſenti-
ment, & que ſi les Charlatans ne ſoulageoient pas
quelqu'un par-ci, par-là, parbleu! ils n'auroient
pas de pratiques : ça n'eſt pas malin. Çà, au ſurplus,
ma fille va bien, je n'en demande pas davantage.

FRIQUETTE.

Ah! mon papa, ſi vous ſaviez combien il y vient
de monde aux Baquets, & de tous les états; de belles
Dames, des Abbés, des Militaires.

FIGARO.

Et tout le beau monde éprouve des criſes?

FRIQUETTE.

Pour la plupart. Il y a entr'autres un Monſieur
qui, dès qu'il eſt dans le ſallon des couſſins, ſe met
les mains derriere le dos, danſe ſur la tête, les pieds
en l'air, & fait des ſauts plus forts que ceux du
Petit-Diable qui eſt au Boulevard.

FIGARO.

Ça doit être curieux, par exemple : je te crois,
ma Friquette, tu me dis que tu as vu, & un j'ai vu
à préſent coupe la parole; mais, laiſſons cela : dis
moi, ne ſeras-tu pas bien aiſe, toi qui as une jolie
petite voix, de chanter & de m'aider dans le petit
ſpectacle que je vais monter?

FRIQUETTE.

Oh! mon papa, je ferai tout ce qu'il vous plaira; mais j'aimerais bien mieux entrer à un grand Théâtre.

SUSANNE.

Encore paſſe au moins.

FRIQUETTE.

Et puis, je trouve bien difficile de conduire des bamboches & de parler en même tems.

FIGARO.

Ma petite, ce n'eſt rien que cela. Tout conſiſte à tenir la figure de la main droite & de la gauche, ſuivant ce qu'on a à dire; l'on tire.... ou on lâche le cordon qui ſert à exprimer le geſte.

SUSANNE, *ricannant.*

Bon! Monſieur croit que tout le monde attrapera cela comme lui.

FIGARO.

Sans doute. On n'a qu'à m'imiter.

SUSANNE.

J'étouffe de colere. Et moi, je te dis que tu n'as pas le ſens commun ; toute la vie tu as fait des ſottiſes, & toute la vie tu en feras... Je ſors; car ſi je reſtais plus long-tems, rien ne me retiendrait de t'accabler de toutes les injures que tu mérites. Adieu. Ne compte pas ſur moi! vas, ſi je mets

jamais la main à tes chiennes de bamboches, ce sera
pour leur faire jouer dans le feu le rôle qui leur
convient.

(Elle sort.)

SCENE IV.

FIGARO, FRIQUETTE.

FIGARO.

IL faut la laisser dire… Je me charge de lui faire
entendre raison. Pour toi, ma petite Friquette, tu
es douce, gentille; tu fais tout ce qu'on veut.

FRIQUETTE.

Oh! pas toujours. Par exemple, M. Fluidas, parce
qu'il m'accompagne pour aller au Baquet, en chemin
il me dit de jolies choses, & puis il voudrait que je
l'aimasse : moi, je lui réponds que cela ne se peut pas.

FIGARO.

Eh! la raison ?

FRIQUETTE.

Eh mais!… c'est que… c'est que j'en aimerais
mieux un autre.

FIGARO.

Diantre! déja? Et qui donc?

F R I Q U E T T E.

Je n'ose pas vous lé dire.

F I G A R O.

Dis toujours?

F R I Q U E T T E.

Eh bien!... c'eſt M. l'Enfumé, le jeune homme
que vous appellez apprenti Phyſicien, qui demeure
au-deſſus de ma chambre.

F I G A R O.

Le diable emporte ſi je m'en ſerais douté! Comment! à ton âge tu aimes déja les ſavans de cette
eſpece, & qui plus eſt garçon? C ' tu feras ton
chemin.

F R I Q U E T T E.

Toutes les fois que nous nous rencontrons, nous
cauſons enſemble. Oh! il eſt bien gentil; il m'a
promis, comme il va bientôt faire partir un ballon,
que ſi la ſouſcription lui rapportait beaucoup, il me
demanderait tout de ſuite en mariage à mon papa.

F I G A R O.

Ah! c'eſt un homme à ſouſcription! peſte! il doit
avoir ſon mérite.

F R I Q U E T T E.

Oui; mais c'eſt un méchant. Depuis quatre jours
je ne l'ai pas vu : il ſe leve de grand matin &
décampe, & on ne le revoit plus de toute la journée.

FIGARO.

A propos, on m'a dit qu'il en partait un aujour-
d'hui, de ballon; c'est peut-être le sien... ainsi tu
reverras bientôt ton petit l'Enfumé.

FRIQUETTE.

Aujourd'hui! aujourd'hui? Ah! mon papa, menez-
moi le voir, je vous en prie.

FIGARO.

Cela ne se peut pas. Moi, j'ai mon spectacle dans
la tête; mais je vais faire ma paix avec Susanne, &
l'engager à y aller avec toi. Hein?

FRIQUETTE.

Que je vous aurai d'obligations!... Vous ne savez
pas aussi, mon papa, il fait des vers, M. l'Enfumé,
& il m'a donné une ariette que j'ai chantée trois fois
à l'assemblée magnétique: c'était des applaudissemens
à ne pas finir; & je les partageais avec une Dame
qui, au sortir de ses convulsions, m'accompagnait
avec sa harpe. Mon papa, voulez-vous l'entendre?

FIGARO.

Parbleu! ma petite, je ne demande pas mieux.

FRIQUETTE.

AIR nouveau, *par M. FROMENT.*

> L'Amour voyant dans son empire
> La raison usurper ses droits,
> Eut recours au nouveau délire
> Qui range les cœurs sous ses loix.

Charmante

Charmante découverte!
Ah! fans toi la beauté,
Dans ce fiecle vanté,
Serait en pure perte :
Au feu divin que tu répands,
En éloignant l'indifférence,
Joins-y la flatteufe efpérance
De ramener les inconftans.
Amour! pour garder ton empire,
A la raifon mets ton bandeau;
Il fuffit, dans notre délire,
D'être éclairé de ton flambeau.

FIGARO.

Bravo! ma petite Friquette, bravo! Vas, avec ces difpofitions-là, je fuis bien fûr de faire un jour quelque chofe de toi. J… j'entends venir quelqu'un : tiens, tiens, c'eft ton amoureux, M. l'Enfumé. Je te laiffes avec lui, & vais faire ma paix avec Sufanne. Sans adieu. (*En fortant.*) Voilà ce qu'on appelle un petit tréfor, ou du moins de quoi en amaffer un à fe pavaner à fon afpect!

(*Il fort.*)

SCENE V.

FRIQUETTE, *seule.*

LE bon papa que j'ai là! un autre se serait fâché: eh bien! lui, c'est tout le contraire; il souffre tout, pourvu qu'on lui souffre tout à son tour.

SCENE VI.

FRIQUETTE, L'ENFUMÉ.

FRIQUETTE.

JE m'en vais aussi gronder, moi. Ah! vous voilà, Monsieur? En vérité, vous êtes bien aimable.

L'ENFUMÉ.

Vous m'avez fait la gracé dé mé trouver tel quelquéfois, Mademoiselle?

FRIQUETTE.

Je vous conseille de prendre ce ton, Monsieur.

L'ENFUMÉ.

Sandis! jé vous réponds d'après cé qué vous mé dites.

FRIQUETTE.

Vous allez voir que c'est moi qui ai tort, Monsieur

demeure sous le même toit que moi; Monsieur m'a juré mille fois qu'il m'aimait de tout son cœur; j'ai eu la faiblesse de le croire; & pour me prouver le cas qu'il fait de mon amour, Monsieur reste quatre grandes journées sans se montrer : ça n'est-il pas vrai, Monsieur ?

L'Enfumé.

Céla sé peut bien, Mademoiselle; mais j'ai ma réputation à souténir, & ma fortune à faire; & il est des cas où l'amour né saurait l'emporter sur ces deux sentimens. Jé vénais pourtant m'éscuser, mais jé vois qué cé sérait en vain... ainsi, jé mé rétire.

Friquette.

Il ne fallait pas tant vous avancer, Monsieur, & tourner la tête à une jeune innocente dont vous ferez toute la vie le malheur.

L'Enfumé.

. Cé n'est pas ma faute, si vous portez l'amour au-délà dé ses bornes.

Friquette.

Air: *Je vis Lise hier au soir.*

Tu m'oses parler ainsi,
Et ton cœur me raille;
Toi, que le mien eût choisi
N'ayant sou ni maille :

Va, je vois à mes dépens,
Qu'au mépris de leurs sermens,
Les feux de tous les amans
Sont des feux de paille.   *bis.*

L'Enfumé.

Eh donc! vous né voyez pas qué jé plaisantais?
Sandis! jé voulais faire uné pétite épreuve, & vous
avez pris la chose au grave… Raſſurez-vous; croyez
qué vous m'êtes toujours chére; j'en juré par l'air
inflammablé qué jé respire auprès dé vous.

Air : *Avec les Jeux dans le Village.*

Quoiqu'occupé dé son voyagé,
L'Enfumé né pensait qu'à vous;
Il vous en garde un témoignagé
Qui doit calmer votré courroux :
A moins qué ma tendré brunétté
Né veuille écouter la raison;…
Qu'en voyant lé nom dé Friquétté,
En léttres d'or sur mon Ballon.   *bis.*

Friquette.

Mon nom! mon nom! mon cher M. l'Enfumé?

L'Enfumé.

Eh! oui, ma chere Friquétté.

Friquette.

Oh! je ne vous en veux plus: je vous pardonne
tout, tout, tout. Quoi! mon nom ira dans les airs,
en lettres d'or?

L'ENFUMÉ.

Oui, ma chére amié, nous sommés quatré qui partons, & tous quatré amoureux; & nous avons fait méttre aux quatré coins dé notré Ballon lés chiffrés & lés noms dé nos quatré maîtresses.

FRIQUETTE.

En lettres d'or? Ah! que je suis ravie!.... cependant il manque une chose à mon bonheur.

L'ENFUMÉ.

Eh, sandis! quoi donc?

FRIQUETTE.

Ce serait de voyager avec vous dans les airs.

L'ENFUMÉ.

La chose n'est pas possible.

FRIQUETTE.

Ah! mon ami l'Enfumé, je t'en prie?

AIR *parodié des trois Fermiers.*

Je connus l'amour dans tes yeux,
Et je chéris mon esclavage;
Sous tes loix quand ce Dieu m'engage,
Je dois l'accompagner aux cieux.
Ah! dans un si charmant voyage, *bis.*
Qu'il est doux de lui rendre hommage! *bis.*

L'ENFUMÉ.

Je le voudrais aussi dé tout mon cœur; mais il n'y a place dans la galérie qué pour quatré.

FRIQUETTE.

Et quand partez-vous?

L'ENFUMÉ.

Eh! fandis, tout à l'heure. J'ai laiffé mes amis
achéver tous les préparatifs; & jé fuis vîte accouru
pour fairé ma paix, & vous engager à vénir voir
notré machine, qui s'élévéra le plus majeftueufé-
ment poffiblé.

FRIQUETTE.

Vous y ferez, fans doute, de belles expériences?

L'ENFUMÉ.

Cadédis! jé vous en réponds. Imaginez-vous qué
chacun dé nous a des moyens dé direction tous différens: eh bien! nous allons les employer tous à la fois.

FRIQUETTE.

C'eft le moyen de réuffir.

L'ENFUMÉ.

Dé plus, nous emportons dé longués lunéttés, à
fin dé voir fi elles rapprochent davantagé dans les
airs qué fur la terre.

> **AIR** *parodié de l'Ami de la Maifon.*
>
> Dans cé voyagé glorieux
> Nous volerons jufqués aux cieux.
> Quelle alégreffe!
> Qué dé douceurs!

Jé vois la foulé qui s'empreffe
A couronner les vainqueurs.
  Dans cé voyagé, &c.

Pardévant lé Notaire,
Jé juré fur l'honneur,
A mon rétour dé faire
Notré commun bonheur!
    Et les défirs,
    Et les plaifirs,
    Dans nos deux ames
    En traits de flammes
    Viendront s'unir.
  Dans cé voyagé, &c.

FRIQUETTE.

Oh! çà, que je ne vous retienne pas davantage;
je vous fuivrai tout à l'heure avec maman.

L'ENFUMÉ.

Sans adieu, ma charmanté Friquetté.

FRIQUETTE.

Bon voyage, mon cher l'Enfumé.

SCENE VII.

FRIQUETTE, *seule.*

Mon nom écrit en lettres d'or! ah! que c'eſt doux! c'eût été bien pis ſi j'avais pu être du voyage; je ſerais rentrée dans la ville au bruit des inſtrumens; l'on m'aurait couronnée, ſans doute, c'eſt l'uſage.... Mais, qu'y faire? Cela ne ſe peut pas.... Ah! ah! voici mon papa! Ah! il a fait auſſi ſa paix.

SCENE VIII.

SUSANNE, FIGARO, FRIQUETTE.

FRIQUETTE.

Eh bien! maman, partons-nous? Il n'y a pas de tems à perdre.

FIGARO.

Les pieds te brûlent, n'eſt-ce pas?

FRIQUETTE.

Oh! cela eſt vrai... je... Ah! ſi vous ſaviez ce qui m'eſt réſervé; mais partons, partons. Ah! mon Dieu!... ô ciel! qu'a donc M. Fluidas? Voyez, voyez comme il eſt agité?

SCENE IX.

SUSANNE, FLUIDAS, FIGARO FRIQUETTE.

FIGARO.

Laisse-le venir... Ce n'eſt rien : c'eſt peut-être un reſte de convulſion.

SUSANNE.

Qui vous tourmente donc ſi fort, mon cher M. Fluidas ?

FLUIDAS.

Madame, vous voyez un homme au déſeſpoir.

FIGARO.

Comment donc ?

FLUIDAS.

Vous ſavez que j'ai donné ma quotte-part, comme les autres, pour le ſoulagement de l'humanité.

FIGARO.

Eh bien !

FLUIDAS.

Eh bien ! Monſieur, nous jouiſſons du fruit de nos travaux ; aux charmans accords d'une muſique enchantereſſe, il ſemblait que la nature ſe réveillait dans les cœurs de tous nos malades ; les ſallons des

crises devenaient des temples érigés au bonheur, &
moi, d'un œil de satisfaction:

AIR : *Menuet d'Exaudet.*

J'admirais,
Je suivais
La méthode,
Qui conduit aux grands effets
Emanés des secrets
Du fluide à la mode :
Aux deux sons
Des clairons,
De la harpe,
La beauté sur des carreaux,
Faisait maints jolis sauts
De carpe.
Tout d'un coup la Médecine ;
Vient d'une main assassine
Renverser,
Disperser
Notre école,
Disant qu'en l'art de tuer ;
Nul n'a droit de jouer
Son rôle.
Nos Seigneurs
A vapeurs
La maudissent ;
Nos belles font grand fracas
Et de leurs longs hélas
Les voûtes retentissent.
Des malins
Trop enclins

A médire,
Chanteront tout ce train-là ;
Et Paris ne fera
Qu'en rire.

Eh bien! qu'en dites-vous?

SUSANNE.

Oh! c'est épouvantable.

FLUIDAS.

Chien d'examen critique! d'autant plus critique,
que cela va me mettre… en un état critique.

SUSANNE.

Est-il possible? Le plus beau de tous les secrets,
l'appeller charlatanisme.

FIGARO.

Ah! ah! crois-moi, ma femme, marchands d'oi-
gnons se connaissent en ciboules.

SUSANNE.

Miracle!

FLUIDAS.

Quoi donc?

SUSANNE.

Mon mari vient de citer un proverbe sans l'estro-
pier.

FIGARO.

Il me semble que le Magnétisme ne l'affecte pas
beaucoup.

FLUIDAS.

Quant à moi, il me terrasse.

FRIQUETTE.

Mais, moi, mon papa, ne suis-je pas un exemple
que les Médecins ne savent ce qu'ils disent?

FIGARO.

Hé! ma Friquette, la nature, à ton âge, est le
meilleur Médecin.

FRIQUETTE.

Oh! la nature… la nature… mais, maman, si
nous ne nous dépêchons pas, le Ballon partira sans
nous : allons donc vîte.

FIGARO.

Tiens, tiens, le voilà ton ami l'Enfumé; il t'en
dira des nouvelles.

FRIQUETTE.

Eh! grand Dieu, comme le voilà fait!

SCENE X & derniere.

Les Précédens, L'ENFUMÉ.

FRIQUETTE.

EH! que vous est-il donc arrivé, mon cher M. l'Enfumé?

L'ENFUMÉ, *en chemise.*

Jé n'en puis plus.... jé mé meurs..... où mé cacher?... jé succombe à l'excès dé ma douleur.

FRIQUETTE.

Calmez-vous, parlez-nous..... dites-nous..... contez-nous?...

L'ENFUMÉ.

Un moment, Mademoisélle?... laissez-moi ré-prendre més esprits.... Tout en vous quittant, ma chere Friquette, jé volé au rendez-vous dé l'espé-rience.

AIR: *Monseignéur d'Orléans.*

J'arrivais essoufflé,
Quand lé Ballon gonflé
Nous promettait
Lé plus brillant effet:
Moi, sans perdre un instant dé tems,
Jé vous saute aussi-tôt dédans;

Mes trois amis, à qui mieux mieux,
Se croyoient déja dans les cieux,
Quand, par un coup du fort conjuré,
Notré machine a chaviré.

AIR: *Quand vous entendrez le doux Zéphyr.*

La flâmé prend à notré vaisseau ;
Mais nous étions trop loin dé la Seine
Pour espérer, qu'au moyen de l'eau,
Nous fortirions dé peine.

AIR: *De la Petite Poste de Paris.*

Quans lé Public, dans sa fureur,
S'en prend à nous, crie au voleur ;
Il met en piéces lé Ballon,
Lé réduit en échantillon ;
Et si nous né fussions partis,
Nous férions tous quatre rôtis.

FRIQUETTE.

Et mon nom, qui devait voyager dans les airs,
en lettres d'or !

FIGARO.

Cela est vraiment malheureux ; mais du moins....
il vous reste l'argent ; & cela console.

L'ENFUMÉ.

Eh ! Monsieur, apprénez, pour comblé dé misêré,
Un certain intrigant, un nommé Voléntêre,
Tournant à son profit lé malheur imprévu,
Emporté la récetté, on né l'a pas révu.

FIGARO.

Vous l'aviez donc chargé de la faire ?

L'ENFUMÉ.

Malheureusement !

FIGARO.

Diable ! voilà une journée qui n'est pas flatteuse pour les savans.

FRIQUETTE.

AIR : *Je l'ai planté.*

Adieu, Ballons ; adieu charmant fluide ;
Qui partagiez tous mes instans ;
Quand vos prôneurs travaillaient dans le vuide ;
Ils n'en flattaient pas moins le sens.   *bis.*

Divins Baquets, ah ! contre vous s'épuise
La haine de la Faculté :
Faut-il, hélas ! que l'ingrate détruise
Les rendez-vous de la beauté ?

FIGARO.

Comment ! vous voilà tous consternés, pour des événemens auxquels vous auriez dû vous attendre ?

FLUIDAS.

Oh ! moi, c'est mon argent que je regrette le plus.

L'ENFUMÉ.

Et moi, la gloire que j'aurais acquise si j'avais réussi.

F I G A R O.

Ecoutez : Vous êtes tous les deux vis-à-vis de rien ; le sort, dans ses bizarreries, se plaît quelquefois à arranger les choses très-plaisamment. (J'en ai pour mon compte différentes preuves.) Dans ce moment-ci, je suis prêt à monter un petit Théatre de Marionnetes'... & comme il me faut des aides, associez-vous avec moi, nous partagerons le profit.

F L U I D A S.

Qui, moi ? un Médecin !

F I G A R O.

De quelle Faculté ?

F L U I D A S.

D'aucune.

F I G A R O.

Comment.

F L U I D A S.

Je dis vrai. Autrefois j'étais à la suite d'un Médecin : le hasard m'ayant procuré la recette d'une tisane apéritive, je l'employai pour mes amis avec succés : ma foi ! l'idée me vint d'en faire mon profit ; & à l'aide d'une perruque & d'un ton doctoral, je me suis donné dans Paris pour Médecin : cela ne rendait pas mal ; je comptais sur le nouveau fluide pour aller plus en avant ; & le damné d'examen critique me réduit à l'hôpital !

FIGARO.

FIGARO.

Quoi! vous n'êtes qu'un Médecin postiche, & vous refuseriez d'être des nôtres? Vous vous moquez de moi! Allez, allez-vous-en quitter votre réputation avec votre perruque, & venez nous retrouver. Parbleu! que risquez-vous? tout au plus d'être appellé le Médecin des Marionnetes.

FLUIDAS.

Ma foi! je crois que vous avez raison.

FIGARO.

Pour l'ami l'Enfumé, je suis bien sûr qu'il y consentira.

L'ENFUMÉ.

Jé sens qu'il faut bien faire fléché dé quélqué bois.... mais sur-tout qu'on né lé saché pas dans le pays, au moins.

FIGARO.

Quand on le saurait, qu'avez-vous à craindre, peste de Gascon? il me fait rire avec ses scrupules. Vous ne savez donc pas que moi, je prétends me faire un nom avec mes Marionnettes. Vous avez échoué; à la bonne heure: mais d'après ce que je vois tous les jours dans ce pays-ci, avec de l'effronterie & des prôneurs l'on ne saurait manquer son coup. C'est bien autre chose lorsque la fortune se met de la partie pour vous favoriser; alors on fait

un fracas d'enfer.... Et tenez, j'ai si bonne opinion
de moi, que je ne serais point du tout étonné de
me voir en vogue comme les Ramponeau, les Pan-
tins, les Malborouck, & tant d'autres. Quelle joie!
quelle satisfaction, par exemple, de créer une nou-
velle mode, & de voir tous ses aimables des deux
sexes prendre plaisir à se parer des bijoux qui portent
votre nom!... Ce serait ma folie à moi; & je ne
désespere pas d'y parvenir. Mes amis... je connais
bien les hommes; la moindre originalité les séduit,
& la barque la plus légere, sur la mer orageuse du
monde, devient souvent un gros vaisseau entre
les mains d'un bon conducteur.

VAUDEVILLE.

Air nouveau, *par M. Froment.*

FIGARO.

L'homme est une Marionnette
Qui se meut par différens fils;
Sont-ils délicats & subtils,
La machine en est plus drôlette:
Mais qu'elle soit du bon faiseur,
Ou bien à peine dégrossie,
Elle obéit toute la vie
A l'intérêt, son conducteur. *bis.*

FRIQUETTE.

Tant que le Dieu de la tendresse
Se cache aux yeux de la beauté,
Une heureuse uniformité
Soutient les fils de sa jeunesse:

Mais celui qui va droit au cœur ;
Reçoit la plus faible atteinte ;
Le defir fuccede à la crainte ,
Et l'Amour devient conducteur.   *bis.*

F L U I D A S.

Pour tout avoir , pour tout détruire ,
Flutus a prodigué fes dons ;
Il nous fait comme les faifons,
Tantôt pleurer & tantôt rire :
Et tel qui fait le grand Seigneur,
En étalant bonne cuifine,
Comme moi ferait trifte mine,
Si l'or n'était fon conducteur.   *bis.*

S U S A N N E.

En trop blâmant notre inconftance ,
Les hommes n'ont-ils pas grand tort ?
Nous nous tenons avec effort
Au fil de la perfévérance :
Mais ils ont tous l'art enchanteur
De le détourner à leur guife ;
Et la raifon eft dans la crife ,
Quand le plaifir eft conducteur.   *bis.*

L'E N F U M É.

Dans les combats , dans la Phyfique ,
Jé n'ai pas eu dé grands fuccès ;
Jé vais tenter d'autres effais,
Mé livrer à la méchanique :
Friquetté d'ailleurs a mon cœur,
Affurons-nous cetté conquêté…
Quoiqu'on s'expofe aux maux dé tête,
Lorfqué l'hymen eft conducteur.   *bis.*

F I G A R O.

Mesdames, si ma bagatelle
Vous a causé quelque plaisir,
C'était mon unique desir,
Je ne crains plus qu'elle chancelle :
Car le goût de tout amateur,
D'après le vôtre se décide ;
Et quand la beauté sert de guide,
L'on suit en tout son conducteur. *bis.*

C H Œ U R.

Oui, le goût de tout amateur,
D'après le vôtre se décide ;
Et quand la beauté sert de guide,
On suit en tout son conducteur.

F I N.